**이은경쌤의 초등 글쓰기 완성 시리즈**

구분	1학년	2학년	3학년	4학년	5학년	6학년	중1
글쓰기 습관				Best! 세줄쓰기 초등 글쓰기의 시작			
		전래동화 바꿔쓰기					
				주제 일기쓰기			
독서 습관		기본 책읽고쓰기					
				심화 책읽고쓰기			
글쓰기 심화		표현글쓰기					
				자유글쓰기			
						생각글쓰기	
논술 대비		왜냐하면 글쓰기					
				기본 교과서논술			
				논술 쓰기			
						심화 교과서논술	
평가 대비				기본 주제 요약하기			
						심화 주제 요약하기	
						수행평가 글쓰기	
영어 글쓰기		영어 한줄쓰기					
				영어 세줄쓰기*			
						영어 일기쓰기*	

별표(*) 표시한 도서는 출간 예정입니다.

이은경쌤의 초등 글쓰기 완성 시리즈 교재 선택 가이드

- 앞장의 가이드맵을 보면서 권장 학년에 맞추거나 목적에 따라 선택하세요.
- 〈책읽고쓰기〉〈교과서논술〉〈주제 요약하기〉처럼 기본편과 심화편으로 구성된 경우에는 기본편과 심화편을 둘 다 해도 되고, 권장 학년에 맞추어 둘 중 하나만 골라서 해도 돼요.

몇 학년이든 모든 글쓰기는 〈세줄쓰기〉로 시작해요

글쓰기 습관이 필요하다면?
〈전래동화 바꿔쓰기〉
〈주제 일기쓰기〉

+

독서 습관이 필요하다면?
〈 기본 책읽고쓰기〉
〈 심화 책읽고쓰기〉

글쓰기 습관과 독서 습관을 모두 갖추었다면?

〈표현글쓰기〉〈왜냐하면 글쓰기〉〈자유글쓰기〉〈생각글쓰기〉

이제 논술과 수행평가를 대비할 차례! 무엇부터 해야 할까요?

논술을 대비하고 싶다면?
〈 기본 교과서논술〉
〈 심화 교과서논술〉

〈논술 쓰기〉

+

수행평가를 대비하고 싶다면?
〈 기본 주제 요약하기〉
〈 심화 주제 요약하기〉
〈수행평가 글쓰기〉

영어도 대비하고 싶다면?   〈영어 한줄쓰기〉〈영어 세줄쓰기〉* 〈영어 일기쓰기〉*

별표(*) 표시한 도서는 출간 예정입니다.

이은경쌤의
초등 글쓰기 완성 시리즈

3-5학년 권장

논술 쓰기

서론, 본론, 결론까지 글의 **짜임새**를 높여요

이은경쌤의
초등 글쓰기 완성 시리즈

3-5학년 권장

논술 쓰기

서론, 본론, 결론까지 글의 짜임새를 높여요

이은경 지음

상상아카데미

차 례

시작하기 전에	6
글 잘 쓰는 비법, 궁금하니?	8
논술, 어떻게 써야 할까?	10
논술, 이렇게 써 봐!	14
만만한 논술 주제 60	17

시작하기 전에

안녕!

나는 오늘부터 너와 매일 즐겁게 이야기 나누고, 함께 글을 쓰게 될

<u>이은경 선생님</u> 이라고 해.

내가 어떻게 생겼는지, 어떤 사람인지 궁금할 수 있으니 내 사진을 보여줄게.

그래도 궁금증이 완전히 풀리지 않는다면 지금 <u>여기</u> 에 가서 잠시 보고 오렴.

허겁지겁 글부터 쓰기 전에 네가 누군지 알고 싶어. 난 네가 많이 궁금하거든.

_____ , _____ , _____ 를 좋아하고

_____ , _____ , _____ 를 잘하는

나의 이름은 _____ 야. 나는 _____ ,

_____ , _____ 를 할 때 행복하고,

_____ , _____ 를 할 때 자신감이 솟아!

나는 글을 아주 잘 써. 그러니 오늘부터 나를 작가라고 불러 줘.

글을 쓸 때 사용할 나의 작가 이름은 _____ 야.

이름의 뜻은 _____ 이지.

와! 역시, 너는 멋지고 재미있는 면이 많은 사람이구나. 궁금해, 궁금해! 너를 더 알고 싶고, 당장 만나서 하나씩 물어보고 싶지만, 참을게.

대신, 오늘부터 나는 너의 글을 기다릴 거야. 이름부터 멋진 우리 작가님이 얼마나 재미있는 글을 써 줄지 기대할 거야!

글 잘 쓰는 비법, 궁금하니?

　멋지게 작가 이름을 지었다고 해서 작가가 되는 건 아니야. 이름만 작가님이면 곤란해. 나는 네가 실제로 글을 잘 쓰는 진짜 작가님이 되면 좋겠어. 그런데 많은 친구들이 이런 질문을 하더라고!

우리는 왜 글을 잘 써야 하는 걸까?

　장래 희망이 소설가나 시인이 아닌데도 글을 잘 써야 하냐는 말이야. 수학이랑 영어 공부만으로도 버겁고 어려워서 머리가 아픈데, 글까지 잘 쓰기는 힘든 일이잖아.
　나도 그렇게 생각했는데, 글을 잘 쓰면 좋은 일이 많이 생기더라고. 정말이야. 아마 네가 생각하는 것보다 좋은 일이 더 많이 생길 거야.
꾸준히 하다 보면 이전보다 더 똑똑해지고, 시험지의 답안을 적을 때 덜 힘들고, 그러다가 백 점을 받기도 하고, 부모님과 선생님께 칭찬도 받게 될 거야.
어떤 상황에서든 나의 생각을 글로 표현하는 것이 조금씩 어렵지 않게 되고, 수업 내용도 이해하기 쉬워질 거야.

한 마디로 **글을 잘 쓰는 건 너의 인생에 많은 기회를 가져다 줄 무기를 얻는** 거나 마찬가지야. 그렇게 좋은 무기를 어디서 구하냐고? 바로 이 책이 너의 강력한 무기가 되어줄 거야. 어때? 당장 글을 잘 쓰고 싶은 마음이 들기 시작하지?

첫째, 매일 써.

매일 쓰기 귀찮다고? 다른 숙제 하느라 바쁘다고? 알지, 알지, 잘 알지.
그래도 매일 써야 해. 매일 쓰면 잘 쓰게 되거든.
잘 쓰지 못해도, 조금만 써도 괜찮아!
매일 쓰다 보면 굳이 더 잘 쓰려고 노력하지 않아도 저절로 잘 쓰게 될 거야.

둘째, 매일 읽어.

쓰는 연습을 해야지, 왜 매일 읽냐고?
책을 읽는 것은 생각을 키우고 그 생각을 활발하게 해 주는데
아주 큰 영향을 미치기 때문이야. 매일 읽고 쓰면, 자연스럽게 똑똑해질 거야.
글을 잘 쓰는 건 기본이겠지!

셋째, 내 글을 자랑해.

쑥스럽다고?
오늘 네가 쓴 글은 세상 어디에도 없고, 누구도 절대 쓸 수 없는 대단한 글이야.
오늘부터 이 책에 쓰는 글은 열심히 자랑하고 다녀.
더 자랑하고 싶으면, 더 자주 써서 자랑해 봐!

논술, 어떻게 써야 할까?

논술을 잘 쓰고 싶다면, 논술이라는 글이 어떤 건지 제대로 알아야 해. 내가 쓰는 글이 어떤 글인지 모른다면 잘 쓰는 건 어렵겠지?

초등 논술을 처음 써 보는 거라면, 내용과 형식, 두 가지를 잡기보다는 기본적인 형식을 갖춘 글을 쓰는 것에 초점을 맞추어야 해. 그래야 잘 쓸 수 있어.

논술의 형식을 먼저 익히고 난 뒤에, 형식에 담길 내용을 더 풍부하고 창의적으로 채우는 연습으로 서서히 옮겨간다고 생각하면 되는 거야.

초등 논술의 4단계

논술을 쓸 때는 순서가 있어. 무작정 논술을 쓰기 전에 먼저 개요를 짤 거야. 개요를 짠다는 건 어떤 내용을 쓸 건지 대략 뼈대를 잡아 본다는 거야. 이 순서대로만 하면 큰 실수, 큰 실패는 막을 수 있지.

생각을 정리하지 않고 무작정 쓰다가는 처음부터 다시 쓰거나 계속 수정하는 상황이 생길 수 있으니 조심하라고!

개요를 짜면서 생각해 보는 거야. 제시문에 대한 나의 의견이 찬성과 반대 중 정확히 어느 쪽인지, 나의 의견을 뒷받침하는 세 가지 근거는 논리적으로 합리적이며 다른 사람이 공감할 수 있을 만한 내용인지 말이야. 이것을 다 고려한 뒤에 쓰기 시작해도 늦지 않아.

그러니까 논술 쓰기는 다음과 같은 4단계로 진행된다고 생각하면 쉬워.

단계	단계별 해야 할 일
1단계	제시문 읽고 분석하기
2단계	나의 주장 결정하기
3단계	개요 짜기
4단계	본문 쓰기

1단계, 제시문 읽고 분석하기

일반적으로 논술 문항에는 제시문이 있어. 제시문은 독서, 역사, 시사 등의 주제로 다양하지. 어떤 주제의 글이 제시문으로 등장하든 정확하게 읽고 분석하는 것이 논술의 시작이야.

제시문을 읽을 때는 중요하다고 생각되는 부분에 밑줄을 그어가며 읽는 습관도 도움이 될 수 있으니 활용해 보렴.

2단계, 나의 주장 결정하기

제시문에서 묻는 질문에 하나의 입장을 선택하여 나의 주장을 결정하는 단계야. 찬성과 반대 중 어느 한 쪽을 정하거나 여러 가지 방법 중 한 가지 방법을 정해야 해. 어느 쪽을 선택하든 정답은 없어. 네가 선택하면 되는 거야. 어느 쪽을 택해도 괜찮아. 한 쪽을 선택한 뒤에는 입장을 바꾸지 않는 것이 중요해.

3단계, 개요 짜기

개요는 3단계만 기억하면 돼. 처음-가운데-끝. 쉽지?
어려운 말로는 서론-본론-결론 이야.

단계	포함되어야 할 내용
처음 (서론)	● 이 글을 쓰게 된 배경, 이유, 고민 밝히기 ● 주제에 따른 경험, 사실, 간단한 정보 나누기 ● 나의 주장을 뚜렷하게 드러내기(문제 제기)
가운데 (본론)	● 주장을 자세히 설명하기 ● 주장을 뒷받침하는 근거 들어 설명하기
끝 (결론)	● 앞서 주장한 내용을 다시 정리하고 마무리하기 ● 주장에 근거한 실천 방법 소개하기

(출처: 『땀샘 최진수의 초등 글쓰기』, 최진수)

앞으로 우리는 논술을 쓸 때마다 이렇게 단계별로 들어갈 내용을 미리 정할 거야. 나중에 개요 짜기의 과정이 익숙해지면 굳이 손으로 적을 필요 없어. 바로 머릿속에서 정리하여 본론으로 들어가면 돼.

4단계, 본문 쓰기

짜 놓은 개요를 글로 풀어서 쓰면 그게 본문이 되는 거야.
논술이 완성되는 거라고.
그래서 개요 짜는 과정이 중요하고, 그 과정만 잘 넘기면 쉽다고 하는 거야.

본문 쓸 때 가장 조심할 점은 찬성과 반대의 두 가지 주장이 모두 옳다고 하거나, 근거 없이 주장만 되풀이해서 쓰면 안 된다는 거야.
내 앞에 앉아 있는 친구를 설득한다는 마음으로 편안하게 내 주장을 풀어나가면 결코 어렵지 않아.

논술, 이렇게 써 봐!

1 예시

오늘의 제시문이야. 잘 읽고, 너의 주장을 결정해 봐.

만만한 논술 주제-01

4 그래도 어려워? 그렇다면 이 동영상을 참고해 봐!

최근 들어 초등학생의 스마트폰 사용 시간이 점점 늘어나고 있습니다. 스마트폰을 사용하는 것이 초등학생에게 도움이 될까요, 해가 될까요?

후루룩 개요 짜기

처음 (서론)		요즘 들어 스마트폰을 사용하는 초등학생이 늘어나고 있다.
		이것은 안 좋은 점이 더 많다고 생각한다.
가운데 (본론)	근거 1	스마트폰을 한 번 사용하기 시작하면 계속 더 하고 싶어진다.
	근거 2	화면을 계속 들여다보면 시력이 나빠질 수 있다.
	근거 3	길을 걸으면서 스마트폰을 보다가 교통사고를 당할 수도 있다.
끝 (결론)		초등학생 시기에는 스마트폰보다는 키즈폰, 폴더폰을 사용하는 게 좋다고 생각한다.

2 개요를 짜 봐! 처음, 가운데, 끝에 각각 무엇을 쓸지 고민해 보는 거야.

3 개요에 적은 내용을
여기에 글로 풀어서 써 봐!
그럼 오늘의 논술 쓰기 끝!

제 목 : 스마트폰은 초등학생에게 해롭다.

처음 (서론) 요즘 들어 스마트폰을 사용하는 초등학생이 점점 늘어나고 있다. 우리 반에도 스마트폰을 사용하는 아이들이 많다. 스마트폰을 사용하는 것이 초등학생에게는 안 좋은 점이 더 많다고 생각한다.

가운데 (본론) 스마트폰을 사용하는 것은 초등학생에게 해가 될 때가 많은데, 그 이유에는 세 가지가 있다.

첫째, 한 번 하기 시작하면 더 하고 싶어진다. 초등학생은 주로 카카오톡, 유튜브 영상 보기, 게임을 많이 하는데 이것들의 특징은 한 번 하기 시작하면 끝내기가 어렵다는 점이다. 그래서 부모님께 혼이 나거나 더 하고 싶어서 짜증 날 때가 많다.

둘째, 시력이 나빠진다. 초등학생 때 화면을 많이 들여다보면 시력이 나빠지기 쉽다. 일반 휴대전화는 전화를 하는 목적으로만 사용한다. 그러나 스마트폰은 화면을 들여다보는 시간이 늘어나기 쉬워서 시력에 좋지 않다.

셋째, 스마트폰을 보며 걸어 다니면 교통사고의 위험이 있다. 학교를 마치고 집에 갈 때 보면 스마트폰 화면을 보면서 걷는 초등학생들이 있다. 그렇게 걷다가는 자동차, 오토바이가 지나가는 것을 보지 못하고 사고가 날 가능성이 크다.

끝(결론) 스마트폰을 사용하면 편리한 점이 많다. 그러나 아직 어린 초등학생에게는 해로운 점이 훨씬 많다고 생각한다. 초등학생 때는 키즈폰, 폴더폰 등을 사용하고, 중학생이 되어 스마트폰을 사용해도 늦지 않다고 생각한다.

만만한 논술 주제
60

지금부터 논술이라는 걸 시작해 보자.
솔직히 말해서 별로 쓰고 싶지 않지? 어려울 것 같지?
나도 처음에는 그랬어. 일기 쓰기, 자유글쓰기는 만만하고 괜찮았는데
논술은 시작하기도 전에 겁부터 나더라고.
그래서 이렇게 같이 쓰는 거야. 혼자 쓰기 힘드니까 하나하나 알려 줄게.
우리가 일상에서 흔히 고민해 봤을 만한 주제를 골랐어.
왜 그래야 하는지 생각해 보고 글로 쓰면
그 자체로 이미 훌륭한 논술이라는 것만 기억해!

최근 들어 초등학생의 스마트폰 사용 시간이 점점 늘어나고 있습니다. 스마트폰을 사용하는 것이 초등학생에게 도움이 될까요, 해가 될까요?

후루룩 개요 짜기

처음 (서론)	
가운데 (본론)	근거 1
	근거 2
	근거 3
끝 (결론)	

제 목:

처음(서론)

가운데(본론)

첫째,

둘째,

셋째,

끝(결론)

만만한 논술
주제-02

많은 학부모들이 초등학교 때부터 자녀에게 공부를 많이 시킵니다. 초등학생 때부터 학교 수업 시간 외에 따로 공부를 해야 할까요, 하지 않아도 괜찮을까요?

후루룩 개요 짜기

처음 (서론)		
가운데 (본론)	근거 1	
	근거 2	
	근거 3	
끝 (결론)		

제 목:

처음(서론)

가운데(본론)

첫째,

둘째,

셋째,

끝(결론)

만만한 논술
주제-03

유튜브 채널을 운영하면 사람들이 영상을 많이 볼수록 돈을 많이 벌 수 있습니다. 돈을 벌기 위한 목적으로 유튜버가 되는 것은 바람직한 일일까요, 바람직하지 않은 일일까요?

✎ 후루룩 개요 짜기

처음 (서론)	
가운데 (본론)	근거 1
	근거 2
	근거 3
끝 (결론)	

제목:

처음(서론)

가운데(본론)

　첫째,

　둘째,

　셋째,

끝(결론)

만만한 논술
주제-04

어린 학생들은 심각한 학교 폭력을 저지르고도 성인이 아니어서 처벌을 받지 않습니다. 이들을 성인처럼 처벌해야 할까요, 어리니까 봐주어야 할까요?

✏️ 후루룩 개요 짜기

처음 (서론)	
가운데 (본론)	근거 1
	근거 2
	근거 3
끝 (결론)	

제목:

처음(서론)

가운데(본론)

첫째,

둘째,

셋째,

끝(결론)

만화책을 보는 것은 공부에 도움이 되지 않고,
나쁜 말을 배울 수 있다고 하여 반대하는 어른들이 많습니다.
만화책은 초등학생에게 도움이 될까요, 해가 될까요?

후루룩 개요 짜기

처음 (서론)	
가운데 (본론)	근거 1
	근거 2
	근거 3
끝 (결론)	

제목:

처음(서론)

가운데(본론)

첫째,

둘째,

셋째,

끝(결론)

만만한 논술
주제-06

많은 초등학생이 학원에서 필요한 것을 배웁니다.
초등학생 시기에 학원을 꼭 다녀야 할까요?

후루룩 개요 짜기

처음 (서론)		
가운데 (본론)	근거 1	
	근거 2	
	근거 3	
끝 (결론)		

제 목 :

처음(서론)

가운데(본론)

첫째,

둘째,

셋째,

끝(결론)

만만한 논술
주제-07

공부할 때 힘들고 놀지 못해서 화가 날 때가 있습니다. 화가 나더라도 꾹 참고 공부를 계속 하는 게 좋을까요, 화가 풀릴 때까지 쉬었다가 하는 게 좋을까요?

후루룩 개요 짜기

처음 (서론)		
가운데 (본론)	근거 1	
	근거 2	
	근거 3	
끝 (결론)		

제 목:

처음(서론)

가운데(본론)

첫째,

둘째,

셋째,

끝(결론)

만만한 논술
주제-08

초등학생의 용돈은 일주일에 얼마가 적당할까요?
그렇게 생각하는 이유는 무엇인가요?

🖉 후루룩 개요 짜기

처음 (서론)	
가운데 (본론)	근거 1
	근거 2
	근거 3
끝 (결론)	

제목:

처음(서론)

가운데(본론)

첫째,

둘째,

셋째,

끝(결론)

만만한 논술
주제-09

코로나로 전 국민에게 재난지원금이 지급되었습니다.
재난지원금을 가난한 사람에게 더 많이 주어야 할까요,
전 국민에게 똑같이 주어야 할까요?

후루룩 개요 짜기

처음 (서론)	
가운데 (본론)	근거 1
	근거 2
	근거 3
끝 (결론)	

제 목:

처음(서론)

가운데(본론)

첫째,

둘째,

셋째,

끝(결론)

쉬/어/가/는/논/술
주제-10

이번 어린이날에 받고 싶은 선물은 무엇인가요?
그 선물을 꼭 받고 싶은 이유를 세 가지 들어
부모님을 설득하는 글을 써 보세요.

 후루룩 개요 짜기

처음 (서론)

가운데 (본론)
근거 1:
근거 2:
근거 3:

끝 (결론)

제 목:

처음(서론)

가운데(본론)

첫째,

둘째,

셋째,

끝(결론)

만만한 논술
주제-11

우리는 버스, 아이스크림, 택시, 볼펜처럼 많은 외래어를 사용하고 있습니다.
이 말을 순우리말로 바꾸어야 할까요,
그냥 사용해도 괜찮을까요?

후루룩 개요 짜기

처음 (서론)	

가운데 (본론)	근거 1	
	근거 2	
	근거 3	

끝 (결론)	

제 목:

처음(서론)

가운데(본론)

첫째,

둘째,

셋째,

끝(결론)

만만한 논술
주제-12

현재 우리나라에는 사형 제도가 있지만
1997년 이후 사형을 집행하고 있지는 않습니다.
사형 제도를 유지해야 할까요? 폐지하는 게 좋을까요?

후루룩 개요 짜기

처음 (서론)	
가운데 (본론)	근거 1
	근거 2
	근거 3
끝 (결론)	

제목:

처음(서론)

가운데(본론)

첫째,

둘째,

셋째,

끝(결론)

만만한 논술
주제-13

지구가 점점 더 뜨거워지는 지구 온난화가 심각해지고 있습니다.

지구 온난화를 왜 막아야 할까요?

지구 온난화를 막기 위해 우리는 어떤 노력을 해야 할까요?

후루룩 개요 짜기

처음 (서론)	

가운데 (본론)	근거 1	
	근거 2	
	근거 3	

끝 (결론)	

제목:

처음(서론)

가운데(본론)

첫째,

둘째,

셋째,

끝(결론)

만만한 논술
주제-14

인터넷 기사에 악성 댓글을 다는 사람들이 있습니다.
이들을 끝까지 찾아내어 감옥으로 보내야 할까요,
다시는 하지 말라고 경고하는 게 적당할까요?

후루룩 개요 짜기

처음 (서론)	
가운데 (본론)	근거 1
	근거 2
	근거 3
끝 (결론)	

제 목:

처음(서론)

가운데(본론)

첫째,

둘째,

셋째,

끝(결론)

만만한 논술
주제-15

매년 배출되는 음식 쓰레기의 양이 급격하게 증가하고 있습니다.
음식 쓰레기를 줄이기 위해 어떤 노력을 해야 할까요?

후루룩 개요 짜기

처음 (서론)	
가운데 (본론)	근거 1
	근거 2
	근거 3
끝 (결론)	

제목:

처음(서론)

가운데(본론)

첫째,

둘째,

셋째,

끝(결론)

만만한 논술
주제-16

전교 어린이 회장이 되고 싶은가요?

되고 싶거나 되고 싶지 않다면 그 이유는 무엇인가요?

후루룩 개요 짜기

처음 (서론)	
가운데 (본론)	근거 1
	근거 2
	근거 3
끝 (결론)	

제 목:

처음(서론)

가운데(본론)

　첫째,

　둘째,

　셋째,

끝(결론)

만만한 논술
주제-17

우리나라는 남한과 북한으로 나뉘어 있습니다.
남한과 북한이 통일되어야 할까요,
지금처럼 나뉘어 있는 게 더 좋을까요?

후루룩 개요 짜기

처음 (서론)		
가운데 (본론)	근거 1	
	근거 2	
	근거 3	
끝 (결론)		

제목:

처음(서론)

가운데(본론)

첫째,

둘째,

셋째,

끝(결론)

만만한 논술
주제-18

장애 등급을 가진 사람은 고속도로 통행료가 할인되고, 전철 이용이 무료입니다. 장애인에게 이러한 혜택을 주는 게 좋은가요, 혜택은 없애야 할까요?

후루룩 개요 짜기

처음 (서론)	
가운데 (본론)	근거 1
	근거 2
	근거 3
끝 (결론)	

제 목:

처음(서론)

가운데(본론)

첫째,

둘째,

셋째,

끝(결론)

만만한 논술
주제-19

초등학교 점심시간에 다 먹었는지 식판을 검사하기도 하고, 하지 않기도 합니다.
식판 검사는 필요할까요, 필요하지 않을까요?

후루룩 개요 짜기

처음 (서론)	
가운데 (본론)	근거 1
	근거 2
	근거 3
끝 (결론)	

제 목:

처음(서론)

가운데(본론)

첫째,

둘째,

셋째,

끝(결론)

쉬/어/가/는/논/술
주제-20

집에서 온 가족이 함께 텔레비전을 볼 때 부모님이 리모컨을 독차지할 때가 많습니다. 부모님이 계속 원하는 채널을 봐야 하는 상황은 정당할까요? 정당하지 않다면 그 이유는 무엇인가요?

후루룩 개요 짜기

처음 (서론)

가운데 (본론)
- 근거 1:
- 근거 2:
- 근거 3:

끝 (결론)

제 목:

처음(서론)

가운데(본론)

   첫째,

   둘째,

   셋째,

끝(결론)

만만한 논술
주제-21

요즘에는 많은 초중고 학생들이 화장을 하고 다닙니다.
학생들이 화장을 하는 것은 자유일까요?
만일 금지해야 한다면 그 이유는 무엇인가요?

후루룩 개요 짜기

처음 (서론)		
가운데 (본론)	근거 1	
	근거 2	
	근거 3	
끝 (결론)		

제 목:

처음(서론)

가운데(본론)

첫째,

둘째,

셋째,

끝(결론)

만만한 논술
주제-22

인간은 보다 편리한 삶을 위해 자연을 개발하고 있습니다.
자연을 보호하기 위해 개발을 멈추어야 할까요,
자연이 파괴되더라도 편리한 삶을 위해 계속 개발해야 할까요?

후루룩 개요 짜기

처음 (서론)		
가운데 (본론)	근거 1	
	근거 2	
	근거 3	
끝 (결론)		

제 목:

처음(서론)

가운데(본론)

첫째,

둘째,

셋째,

끝(결론)

만만한 논술
주제-23

세뱃돈을 받으면 부모님께서 맡아주시거나 가져가시는 경우가 많습니다.
내가 받은 세뱃돈이니 내가 모두 가져야 할까요,
부모님께서 맡아주시거나 가져가셔도 괜찮을까요?

후루룩 개요 짜기

처음 (서론)	
가운데 (본론)	근거 1
	근거 2
	근거 3
끝 (결론)	

제 목:

처음(서론)

가운데(본론)

첫째,

둘째,

셋째,

끝(결론)

주제-24

전통 음식이 줄어들고, 해외 음식을 파는 식당이 늘어나고 있습니다.
전통 음식을 지키려는 노력이 필요할까요,
아니면 다양한 문화의 음식을 적극적으로 받아들이고 즐겨야 할까요?

후루룩 개요 짜기

처음 (서론)	
가운데 (본론)	근거 1
	근거 2
	근거 3
끝 (결론)	

제 목:

처음(서론)

가운데(본론)

첫째,

둘째,

셋째,

끝(결론)

만만한 논술
주제-25

동물원은 사람에게 즐거움을 주지만, 갇혀 있는 동물들을 보면 불쌍한 마음이 듭니다. 동물원은 없어져야 할까요, 유지되어야 할까요?

후루룩 개요 짜기

처음 (서론)	
가운데 (본론)	근거 1
	근거 2
	근거 3
끝 (결론)	

제 목:

처음(서론)

가운데(본론)

첫째,

둘째,

셋째,

끝(결론)

만만한 논술
주제-26

우리나라의 건강한 성인 남자라면 누구나 군대에 갑니다.
군대에 가는 것을 의무로 하는 게 좋을까요,
원하는 사람만 지원해서 가는 게 좋을까요?

후루룩 개요 짜기

처음 (서론)	
가운데 (본론)	근거 1
	근거 2
	근거 3
끝 (결론)	

제 목:

처음(서론)

가운데(본론)

첫째,

둘째,

셋째,

끝(결론)

만만한 논술
주제-27

친한 친구끼리 대화할 때는 욕설을 섞는 경우가 많습니다.
욕설을 가끔 사용하는 건 괜찮을까요,
아무리 친한 사이라도 욕설은 하지 않아야 할까요?

후루룩 개요 짜기

처음 (서론)		
가운데 (본론)	근거 1	
	근거 2	
	근거 3	
끝 (결론)		

제목:

처음(서론)

가운데(본론)

첫째,

둘째,

셋째,

끝(결론)

만만한 논술
주제-28

다른 사람을 배려한다는 마음으로 선의의 거짓말을 할 때가 있습니다.
선의의 거짓말은 해도 괜찮은 걸까요,
모든 거짓말은 나쁘니 하지 않아야 할까요?

후루룩 개요 짜기

처음 (서론)	
가운데 (본론)	근거 1
	근거 2
	근거 3
끝 (결론)	

제 목:

처음(서론)

가운데(본론)

첫째,

둘째,

셋째,

끝(결론)

만만한 논술
주제-29

우리나라에서 태어나고 우리나라에서 계속 살 계획인데도
영어 공부를 해야 할까요, 영어 공부를 하지 않아도 괜찮을까요?

후루룩 개요 짜기

처음 (서론)	

가운데 (본론)	근거 1	
	근거 2	
	근거 3	

| 끝 (결론) | |

제 목:

처음(서론)

가운데(본론)

첫째,

둘째,

셋째,

끝(결론)

쉬/어/가/는/논/술
주제-30

'가는 말이 고와야 오는 말이 곱다.' 라는 속담이 있습니다.
이 속담이 항상 맞다고 생각하나요?
아니면 틀릴 때도 있다고 생각하나요?

📝 후루룩 개요 짜기

처음 (서론)

가운데 (본론)
근거 1:

근거 2:

근거 3:

끝 (결론)

제 목:

처음(서론)

가운데(본론)

첫째,

둘째,

셋째,

끝(결론)

만만한 논술
주제-31

낙태는 아이가 태어나기 전에 인위적으로 임신을 중단시키는 수술입니다.
낙태를 법으로 허용해야 할까요, 금지해야 할까요?

후루룩 개요 짜기

처음 (서론)		
가운데 (본론)	근거 1	
	근거 2	
	근거 3	
끝 (결론)		

제 목:

처음(서론)

가운데(본론)

첫째,

둘째,

셋째,

끝(결론)

코로나가 기승을 부리던 시절, 마스크를 쓰지 않으면 10만 원의 벌금을 내야 했습니다.
적당한 조치였을까요, 개인의 자유를 침해하는 법이었을까요?

후루룩 개요 짜기

처음 (서론)	
가운데 (본론)	근거 1
	근거 2
	근거 3
끝 (결론)	

제목:

처음(서론)

가운데(본론)

　첫째,

　둘째,

　셋째,

끝(결론)

만만한 논술
주제-33

아파트 층간 소음으로 이웃끼리 불화가 깊어지고 있습니다.
층간 소음으로 분쟁이 일어나면 어떻게 해야 할까요?
해결할 방법으로는 어떤 게 있을까요?

후루룩 개요 짜기

처음 (서론)	
가운데 (본론)	근거 1
	근거 2
	근거 3
끝 (결론)	

제 목:

처음(서론)

가운데(본론)

첫째,

둘째,

셋째,

끝(결론)

만만한 논술
주제-34

범죄자의 얼굴을 국민에게 공개하는 것은 꼭 필요한 과정일까요, 그렇게 하지 않아도 괜찮은 걸까요?

후루룩 개요 짜기

처음 (서론)	
가운데 (본론)	근거 1
	근거 2
	근거 3
끝 (결론)	

제 목:

처음(서론)

가운데(본론)

첫째,

둘째,

셋째,

끝(결론)

만만한 논술
주제-35

현재 우리나라는 초·중등 교육이 의무입니다.
이 교육을 반드시 의무로 해야 할까요, 개인의 선택에 맡겨야 할까요?

후루룩 개요 짜기

처음 (서론)	
가운데 (본론)	근거 1
	근거 2
	근거 3
끝 (결론)	

제목:

처음(서론)

가운데(본론)

첫째,

둘째,

셋째,

끝(결론)

만만한 논술
주제-36

친구들끼리 서로의 별명을 부르는 경우가 많지만, 자신의 별명을 싫어하는 친구들도 있습니다. 친한 사이라면 별명을 불러도 괜찮을까요, 아무리 친해도 친구가 싫어한다면 참아야 할까요?

후루룩 개요 짜기

처음 (서론)	
가운데 (본론)	근거 1
	근거 2
	근거 3
끝 (결론)	

제목:

처음(서론)

가운데(본론)

첫째,

둘째,

셋째,

끝(결론)

만만한 논술
주제-37

우리가 사용하는 교실은 하루만 생활해도 금세 지저분해집니다.
우리의 교실은 우리가 직접 청소해야 할까요,
담임 선생님께서 알아서 하셔야 할까요?

후루룩 개요 짜기

처음 (서론)	
가운데 (본론)	근거 1
	근거 2
	근거 3
끝 (결론)	

제 목:

처음(서론)

가운데(본론)

첫째,

둘째,

셋째,

끝(결론)

만만한 논술
주제-38

미국은 고등학생 때부터 운전할 수 있지만,
우리나라는 성인이 되어야만 운전할 수 있습니다.
우리나라도 고등학생의 운전을 허용해야 할까요, 금지해야 할까요?

후루룩 개요 짜기

처음 (서론)	
가운데 (본론)	근거 1
	근거 2
	근거 3
끝 (결론)	

제 목:

처음(서론)

가운데(본론)

　첫째,

　둘째,

　셋째,

끝(결론)

만만한 논술
주제-39

우리 동네에 쓰레기장이 세워질 예정이라고 합니다.
반대해야 할까요, 찬성해야 할까요?

✏️ 후루룩 개요 짜기

처음 (서론)	
가운데 (본론)	근거 1
	근거 2
	근거 3
끝 (결론)	

제목:

처음(서론)

가운데(본론)

첫째,

둘째,

셋째,

끝(결론)

쉬/어/가/는/논/술
주제-40

배를 타고 가다가 풍랑을 만났습니다.
배에 있던 사람 중 단 한 사람만 구명조끼를 입을 수 있습니다.
우리 가족 중 누가 구명조끼를 입어야 할까요?
그 이유는 무엇인가요?

✏️ 후루룩 개요 짜기

처음 (서론)

가운데 (본론)
근거 1:

근거 2:

근거 3:

끝 (결론)

제 목:

처음(서론)

가운데(본론)

첫째,

둘째,

셋째,

끝(결론)

만만한 논술
주제-41

책을 많이 읽어야 한다는 이야기를 자주 듣습니다.

책은 꼭 읽어야 하는 걸까요?

책을 읽지 않아도 된다면 그 이유는 무엇인가요?

후루룩 개요 짜기

처음 (서론)		
가운데 (본론)	근거 1	
	근거 2	
	근거 3	
끝 (결론)		

제목:

처음(서론)

가운데(본론)

　첫째,

　둘째,

　셋째,

끝(결론)

만만한 논술
주제-42

영화관에서 영화를 볼 때 전화 통화를 하는 사람이 있습니다.
영화관에서의 전화 통화를 완전히 금지해야 할까요,
급한 사람에게는 허용해야 할까요?

후루룩 개요 짜기

처음 (서론)		
가운데 (본론)	근거 1	
	근거 2	
	근거 3	
끝 (결론)		

제 목 :

처음(서론)

가운데(본론)

첫째,

둘째,

셋째,

끝(결론)

만만한 논술
주제-43

배달 음식을 주문하면 배달료를 추가로 내야 합니다.

배달료는 얼마가 적당할까요? 그렇게 정한 이유는 무엇인가요?

후루룩 개요 짜기

처음 (서론)	
가운데 (본론)	근거 1
	근거 2
	근거 3
끝 (결론)	

제목:

처음(서론)

가운데(본론)

첫째,

둘째,

셋째,

끝(결론)

만만한 논술
주제-44

개의 입마개를 의무로 도입해야 한다는 주장이 있습니다.
모든 개는 입마개를 반드시 착용해야 할까요,
하지 않아도 괜찮을까요?

후루룩 개요 짜기

처음 (서론)		
가운데 (본론)	근거 1	
	근거 2	
	근거 3	
끝 (결론)		

제 목:

처음(서론)

가운데(본론)

첫째,

둘째,

셋째,

끝(결론)

만만한 논술
주제-45

반장 선거를 할 때 다수결(많은 표를 얻으면 이기는 방식)로 결정하는 방식은 바람직할까요, 바람직하지 않을까요?

후루룩 개요 짜기

처음 (서론)	
가운데 (본론)	근거 1
	근거 2
	근거 3
끝 (결론)	

제 목:

처음(서론)

가운데(본론)

첫째,

둘째,

셋째,

끝(결론)

만만한 논술
주제-46

악성 댓글 때문에 힘들어하는 유명인이 많습니다. 이러한 사람들을 위해 댓글을 달 때 실명을 사용해야 할까요, 아니면 지금처럼 아이디를 사용하는 게 좋을까요?

후루룩 개요 짜기

처음 (서론)		
가운데 (본론)	근거 1	
	근거 2	
	근거 3	
끝 (결론)		

제 목:

처음(서론)

가운데(본론)

첫째,

둘째,

셋째,

끝(결론)

만만한 논술
주제-47

예전보다 훨씬 개선되고 있기는 하지만,
장애인을 위한 배려가 여전히 부족합니다.
우리 반에 휠체어를 타는 친구가 있다면,
이 친구를 어떻게 배려할 수 있을까요?

후루룩 개요 짜기

처음 (서론)	
가운데 (본론)	근거 1
	근거 2
	근거 3
끝 (결론)	

제목:

처음(서론)

가운데(본론)

첫째,

둘째,

셋째,

끝(결론)

만만한 논술
주제-48

만 65세가 되면 지하철 요금이 무료입니다.

이로 인한 국민의 세금 부담도 큽니다.

어르신 무료 요금 제도는 유지되어야 할까요, 폐지되어야 할까요?

후루룩 개요 짜기

처음 (서론)	
가운데 (본론)	근거 1
	근거 2
	근거 3
끝 (결론)	

제목:

처음(서론)

가운데(본론)

첫째,

둘째,

셋째,

끝(결론)

만만한 논술
주제-49

동물을 이용하여 약을 개발하는 동물 실험은 인간의 건강한 삶을 위해 계속되어야 할까요, 동물 보호를 위해 중단해야 할까요?

후루룩 개요 짜기

처음 (서론)	
가운데 (본론)	근거 1
	근거 2
	근거 3
끝 (결론)	

제목:

처음(서론)

가운데(본론)

첫째,

둘째,

셋째,

끝(결론)

115

쉬/어/가/는/논/술
주제-50

아빠에게 만 원, 엄마에게 만 원을 빌렸습니다.
할머니께 만 원을 세뱃돈으로 받아서 빌린 돈을 갚으려고 합니다.
아빠, 엄마 중 누구에게 먼저 갚아야 할까요?
그 이유는 무엇인가요?

후루룩 개요 짜기

처음 (서론)

가운데 (본론)
- 근거 1:
- 근거 2:
- 근거 3:

끝 (결론)

제 목:

처음(서론)

가운데(본론)

첫째,

둘째,

셋째,

끝(결론)

만만한 논술
주제-51

산에 나무를 심어야 한다는 주장이 있습니다.

하지만 나무가 없다고 우리가 죽는 것은 아닙니다.

그렇더라도 산에 나무를 심어야 할까요, 심지 않아도 괜찮을까요?

후루룩 개요 짜기

처음 (서론)		
가운데 (본론)	근거 1	
	근거 2	
	근거 3	
끝 (결론)		

제 목:

처음(서론)

가운데(본론)

첫째,

둘째,

셋째,

끝(결론)

만만한 논술
주제-52

북한을 돕기 위해 성금을 모아 보내는 경우가 있습니다.

그 돈으로 우리나라의 가난한 사람을 도와야 한다는 의견도 많습니다.

북한을 계속 도와야 할까요? 돕지 않아야 할까요?

✏️ 후루룩 개요 짜기

처음 (서론)	
가운데 (본론)	근거 1
	근거 2
	근거 3
끝 (결론)	

제 목:

처음(서론)

가운데(본론)

첫째,

둘째,

셋째,

끝(결론)

만만한 논술
주제-53

놀이공원을 이용할 때 비싼 티켓을 사면 줄을 오래 서지 않고 이용할 수 있습니다. 이 제도는 바람직할까요, 아니면 모든 사람이 공평하게 같은 시간 동안 줄을 서서 입장해야 할까요?

✏️ 후루룩 개요 짜기

처음 (서론)		
가운데 (본론)	근거 1	
	근거 2	
	근거 3	
끝 (결론)		

제목:

처음(서론)

가운데(본론)

첫째,

둘째,

셋째,

끝(결론)

만만한 논술
주제-54

에스컬레이터의 오른쪽은 가만히 서 있는 사람, 왼쪽은 걸어가는 사람으로 구분하고 있습니다.
에스컬레이터 안전과 편리함 면에서 이 구분은 바람직한가요?
바람직하지 않다면 어떤 방법이 있을까요?

후루룩 개요 짜기

처음 (서론)	
가운데 (본론)	근거 1
	근거 2
	근거 3
끝 (결론)	

제 목:

처음(서론)

가운데(본론)

    첫째,

    둘째,

    셋째,

끝(결론)

전철에는 임산부를 위한 전용 좌석이 있습니다.
이 좌석이 비어 있을 때 몸이 아픈 어린이가 앉아도 되는 걸까요,
임산부를 위해 빈 좌석을 남겨두어야 할까요?

후루룩 개요 짜기

처음 (서론)	
가운데 (본론)	근거 1
	근거 2
	근거 3
끝 (결론)	

제 목 :

처음(서론)

가운데(본론)

첫째,

둘째,

셋째,

끝(결론)

만만한 논술
주제-56

우리나라는 물 부족 국가 등급에서 '약간 부족함'에 해당합니다.
물을 아낄 수 있는 방법에는 어떤 것이 있을까요?

후루룩 개요 짜기

처음 (서론)		
가운데 (본론)	근거 1	
	근거 2	
	근거 3	
끝 (결론)		

제 목:

처음(서론)

가운데(본론)

첫째,

둘째,

셋째,

끝(결론)

만만한 논술
주제-57

2019년부터 시작된 일본 불매 운동이 지금까지 이어지고 있습니다.
일본 불매 운동을 계속해야 할까요, 그만 끝내야 할까요?

후루룩 개요 짜기

처음 (서론)	
가운데 (본론)	근거 1
	근거 2
	근거 3
끝 (결론)	

제목:

처음(서론)

가운데(본론)

　첫째,

　둘째,

　셋째,

끝(결론)

만만한 논술
주제-58

어린이가 입장할 수 없는 '노키즈존'이 있습니다.
어린이의 이용에 제한을 두는 것에 찬성하나요, 반대하나요?

후루룩 개요 짜기

처음 (서론)	
가운데 (본론)	근거 1
	근거 2
	근거 3
끝 (결론)	

제목:

처음(서론)

가운데(본론)

　첫째,

　둘째,

　셋째,

끝(결론)

사채는 높은 이자를 받고 돈을 빌려주는 것을 말합니다.

돈이 급하게 필요한 사람에게는 유용합니다.

사채업은 정당한 사업일까요, 다른 사람을 괴롭히는 나쁜 일일까요?

후루룩 개요 짜기

처음 (서론)	
가운데 (본론)	근거 1
	근거 2
	근거 3
끝 (결론)	

제 목:

처음(서론)

가운데(본론)

첫째,

둘째,

셋째,

끝(결론)

쉬/어/가/는/논/술
주제-60

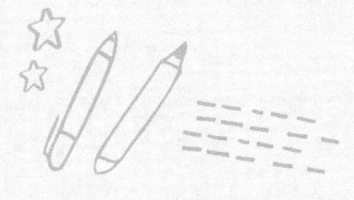

초등학생에게 논술 쓰기 연습은 필요할까요,
꼭 필요하지 않을까요?

✏️ **후루룩 개요 짜기**

처음 (서론)

가운데 (본론)
근거 1:

근거 2:

근거 3:

끝 (결론)

제 목:

처음(서론)

가운데(본론)

첫째,

둘째,

셋째,

끝(결론)

내맘대로 논술

네가 직접 만든 주제로 논술을 써 봐!

✎ 후루룩 개요 짜기

처음 (서론)	
가운데 (본론)	근거 1
	근거 2
	근거 3
끝 (결론)	

제목:

처음(서론)

가운데(본론)

　첫째,

　둘째,

　셋째,

끝(결론)

이은경쌤의 초등 글쓰기 완성 시리즈
논술 쓰기

1판 1쇄 펴냄 | 2021년 4월 5일
1판 16쇄 펴냄 | 2026년 1월 5일

지은이 | 이은경
발행인 | 김병준 · 고세규
발행처 | 상상아카데미

등 록 | 2010. 3. 11. 제313-2010-77호
주 소 | 서울시 마포구 독막로 6길 11(합정동), 우대빌딩 2, 3층
전 화 | 02-6953-8343(편집), 02-6925-4188(영업)
팩 스 | 02-6925-4182
전자우편 | main@sangsangaca.com
홈페이지 | http://sangsangaca.com

ISBN 979-11-85402-38-3 (74800)

ⓒ 이은경, 2021

* 이 책은 저작권법에 의해 보호를 받는 저작물이므로 저자와 출판사의 허락 없이
  내용의 일부를 인용하거나 발췌하는 것을 금합니다.
* 책값은 뒤표지에 있습니다.
* 잘못된 책은 구입하신 서점에서 교환해 드립니다.
* KC마크는 이 제품이 공통안전기준에 적합하였음을 뜻합니다.

이은경쌤의 초등 글쓰기 완성 시리즈 활용법

도서	주제	이런 친구에게 추천해요	권장 학년
세줄쓰기	하루 세 줄로 글쓰기 시작!	• 글쓰기를 해 본 적 없어서 낯설고 어려운 친구 • 글쓰기 슬럼프에 빠져 아무것도 쓰고 싶지 않은 친구	전학년
전래동화 바꿔쓰기	전래동화 명장면을 새롭게 바꿔 쓰기	• 어떤 재미난 책을 읽어도 내용이 잘 기억나지 않는 친구 • 나만의 이야기를 쓰고 싶은데 막상 엄두가 안 나는 친구	1~3
주제 일기쓰기	질문에 답하면서 오늘 일기 완성!	• 일기 쓸 때마다 뭘 써야 할지 생각나지 않는 친구 • 부모님 도움 없이 혼자서도 일기를 써 보고 싶은 친구	3~5
표현 글쓰기	의성어, 의태어로 멋진 문장 쓰기	• 매일 비슷비슷한 문장만 쓰느라 글쓰기가 지겨워진 친구 • 글 잘 쓴다는 칭찬을 받고 우쭐해지고 싶은 친구	1~3
자유글쓰기	자유롭게 마음껏 긴 글 쓰기	• 자유롭게 마음껏 상상하는 것을 좋아하는 친구 • 한 장 꽉 채워 쓰기에 도전해 보고 싶은 친구	3~5
생각글쓰기	내 생각과 이유를 정리해서 쓰기	• 〈세줄쓰기〉, 〈자유글쓰기〉를 써 보면서 자신감이 붙은 친구 • 논술에 도전해 보고 싶지만 아직은 자신이 없는 친구	5~중1
[기본] 책읽고쓰기	읽은 내용을 짧게 정리하기	• 책 읽는 건 좋아하지만 독서록은 아직 안 써 본 친구 • 독서록을 써 봤지만 힘들어서 다시는 안 쓰고 싶은 친구	1~3
[심화] 책읽고쓰기	읽은 내용을 글로 정리하기	• 독서록 숙제를 해 봤는데, 정말 겨우겨우 써서 낸 친구 • 책을 읽고 나서 내 생각을 정리해 보고 싶은 친구	3~5
왜냐하면 글쓰기	질문에 답하면서 선택과 이유 쓰기	• '왜'라는 질문에 늘 '그냥'이라고 대답했던 친구 • 논리가 무엇인지, 논술이 무엇인지 어렵기만 한 친구	1~3
[기본] 교과서논술	주장과 까닭을 쓰며 논술 맛보기	• 〈왜냐하면 글쓰기〉, 〈생각글쓰기〉를 써 본 친구 • 논술을 써 본 적은 없지만 시도해 보고 싶은 친구	3~5
[심화] 교과서논술	진짜 논술 실력 다지기	• [기본] 〈교과서논술〉, 〈논술 쓰기〉를 써 본 친구 • 중학교 입학을 앞두고 탄탄한 논술 실력을 다지고 싶은 친구	5~중1
논술 쓰기	개요를 작성하며 주장하는 글 쓰기	• 글쓰기 경험은 많지만 논술은 써 본 적 없는 친구 • 다른 학원에 가느라 논술 학원을 다닐 시간이 없는 친구	3~5
[기본] 주제 요약하기	글의 핵심을 찾아 쓰기	• [기본] 〈책읽고쓰기〉, 〈자유글쓰기〉를 써 본 친구 • 재미있게 글을 읽었는데도 요약해서 설명하기 어려운 친구	3~5
[심화] 주제 요약하기	비문학 글에서 주제 찾아 쓰기	• [심화] 〈책읽고쓰기〉, 〈자유글쓰기〉를 써 본 친구 • 신문 기사를 읽고 어떤 내용인지 잘 이해가 안 가는 친구	5~중1
수행평가 글쓰기	과목별·유형별로 수행평가 대비	• [심화] 〈주제 요약하기〉, [기본] 〈교과서논술〉을 써 본 친구 • 보고서 쓰기가 어려운 친구	5~중1

* 영어도 대비하고 싶다면? 영어 한줄쓰기 ▶ 영어 세줄쓰기 ▶ 영어 일기쓰기